Nicole Schäufler

Vom Mädchen zur Frau

Ein märchenhaftes Bilderbuch für alle Mädchen, die ihren Körper neu entdecken

edition riedenburg

Inhalt

Für alle Mädchen
und für dich:

Dieses Buch erzählt dir, wie du dich von einem Mädchen zur jungen Frau verwandelst.

Das ist nämlich nicht einfach nur Wachsen und noch etwas größer werden. Nein, ncin! Das reicht nicht. Dann wärst du am Ende ja einfach nur ein großes Mädchen mit flacher Brust und schmalen Hüften.

Tatsächlich wirst du eines Tages eine richtige Frau sein. Frauen sehen ja schon etwas anders aus als Mädchen. Von außen sowieso, aber auch von innen. Vielleicht kennst du ja eine Frau, die du besonders hübsch findest. Die sah als kleines Mädchen auch noch ganz anders aus.

Es ist eine ganz wunderbare Verwandlung. Ein bisschen wie bei einer kleinen Raupe, aus der eines Tages ein zauberhafter Schmetterling wird.

Du wirst das selbst erleben. Und du kannst dich wirklich darauf freuen, denn bestimmt wirst du eine ganz besonders wunderbare junge Frau werden.

Also lass dir erzählen, wie das geht …

Blütenprinzessin

Deine wunderbare Verwandlung beginnt ungefähr, wenn du zehn oder elf Jahre alt bist.

Am Anfang merkst du eigentlich gar nichts davon. Das geht den meisten Mädchen so. Aber heimlich, still und leise fängt dein Körper an im Inneren aufzublühen.

Stell dir einfach tausende kleine Knospen und Blüten vor wie auf einer Wiese. Die beginnen in dir drin zu wachsen und zu blühen. Sie versprühen einen betörenden Duft. Innerlich bist du ganz voll davon so wie eine Waldlichtung voller Maiglöckchen.

Die duften auch ganz unvergesslich gut.

Die Wissenschaftler sagen dazu, dass die „Pubertät" beginnt und der Körper „Hormone" produziert.

Lauter Fremdwörter! Da kann man sich nur schwer etwas darunter vorstellen, nicht wahr?

Du kannst dir das auch als Maiglöckchen-Feld denken oder als Sommerwiese mit wunderbarem Duft.

Alles inwendig und heimlich in dir drin.

Und du bist die Blütenprinzessin.
Eine richtige, kleine Blütenprinzessin.

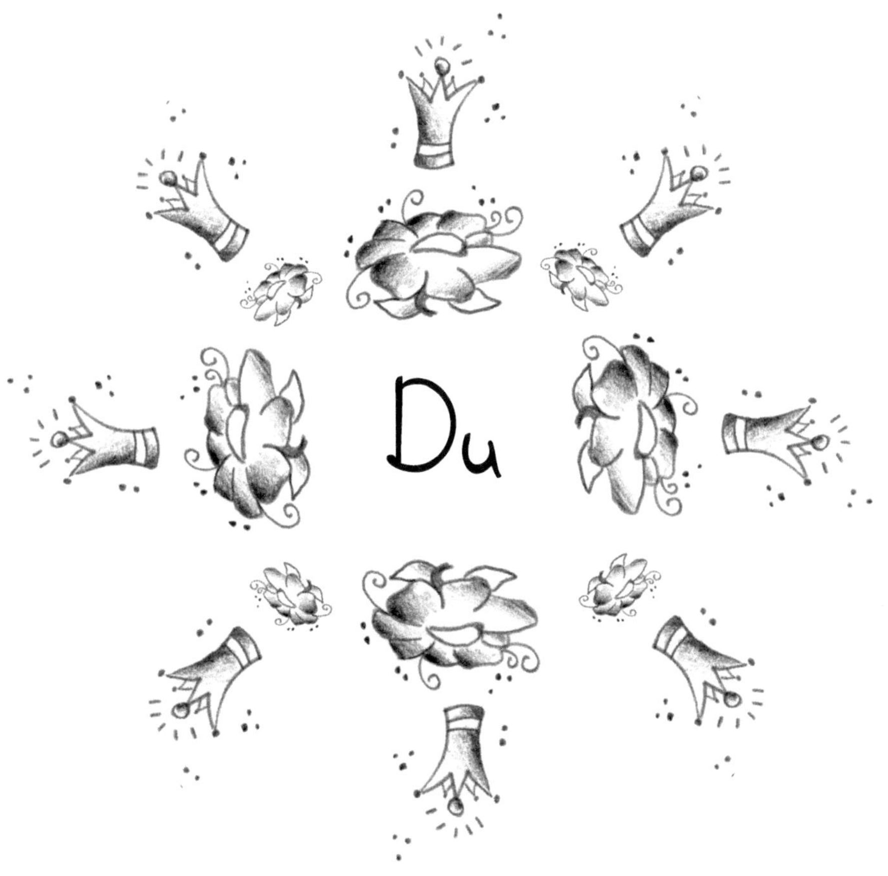

Kirschenmädchen

Und natürlich: Wer innerlich so aufblüht, merkt das irgendwann auch außen. Selbst, wenn es am Anfang nur ein ganz klein wenig ist.

Zum Beispiel kann es sein, dass sich dein Körpergeruch verändert. Er wird etwas stärker, vor allem, wenn du Sport gemacht hast und schwitzt.

Leider duftet das nicht immer nach Maiglöckchen.

Aber das macht nichts.

Erstens kannst du duschen, und zweitens – und das ist viel wichtiger – wird es immer Menschen geben, die gerade diesen Duft an dir lieben. Du kennst doch die Redensart: Wenn zwei sich mögen, können sie sich gut riechen. Das stimmt wirklich.

Also herzlichen Glückwunsch zu deinem neuen Duft!

Er wird die Menschen zu dir bringen, die dich mögen.

Und noch mehr ändert sich:

Eines Tages wirst du bemerken, dass deine Brustwarzen sich ein klein wenig gehoben haben. Gar nicht viel am Anfang. Sie sehen dann nicht mehr ganz flach aus, sondern eher wie zwei kleine Kirschen.

Und vielleicht kribbeln sie auch manchmal oder sind empfindlich. Das kommt vom Wachsen und ist ganz normal. Schau ihnen ruhig beim Wachsen zu und freu dich über sie.

Sie sind nämlich so einzigartig wie du und bestimmt ganz besonders hübsch.

Hasenkind

Nicht nur deine Brüste fangen an zu wachsen.

Bald wirst du bemerken, dass dir ein kleines „Fellchen" wächst. In deinen Achselhöhlen in Kreisform. Und auch zwischen deinen Beinen auf dem sogenannten „Venushügel", dort eher dreieckig geformt.

Wenn du dir das nur schwer vorstellen kannst, denk einfach an ein kleines Stück weiches Hasenfell.

Das fühlt sich sehr gut an.

Bei erwachsenen Frauen, vielleicht deiner Mutter oder einer älteren Schwester oder Freundin, hast du dieses „Fellchen“ bestimmt schon gesehen.

Die Erwachsenen nennen es „Schamhaare“. Meist sind die Härchen gelockt und etwas dicker und spröder als die Haare auf dem Kopf. Das ist bei jeder Frau ein bisschen anders, jede hat ihre eigene „Frisur“.

Und tatsächlich kümmern sich viele Mädchen und Frauen darum wie um eine Frisur. Sie kürzen die Haare zum Beispiel an bestimmten Stellen oder rasieren sie ganz ab. Vor allem unter den Achselhöhlen und in der sogenannten Bikinizone ist seit einigen Jahren „haarlos“ in Mode.

Du kannst dir selbst überlegen, was dir am besten gefällt.

Vielleicht tauschst du dich auch mit deinen Freundinnen darüber aus.

In jedem Fall sind deine neuen kleinen Ringelhaare ein sicheres Zeichen, dass du auf dem Weg zur Frau bist.

Schwesterherz

Deinen Freundinnen geht es genau wie dir. Auch ihr Körper verändert sich. Auch ihnen wird das manchmal seltsam vorkommen oder sogar etwas unheimlich.

Aber zum Glück habt ihr ja einander. Es gibt nichts Besseres, als den Kopf mit den Freundinnen zusammenzustecken und darüber zu beratschlagen.

Oder zu kichern. Oder zu grübeln.

Wie auch immer euch gerade ist.

Dabei verändert sich jede von euch etwas anders.

Die eine bekommt kleine Brüste wie Erdbeeren. Die nächste eher eine Apfelform. Bei der einen wachsen schon Härchen unterm Arm. Bei der nächsten dauert es vielleicht noch ein Jahr.

Die eine sieht noch schmal aus wie ein kleines Mädchen, die andere hat schon ein gerundetes Becken.

Jede hat ihr eigenes Tempo.
Das legt die Natur fest.

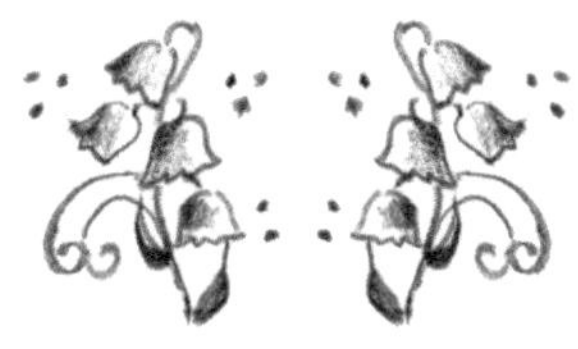

Wichtig ist nur, dass ihr einander unterstützt und euch miteinander freut, „fraulicher“ zu werden.

Wenn sich jemand lustig macht oder euch verunsichern will, solltet ihr das nicht gelten lassen. Das ist einfach eine dumme Nuss!

Im Körper eines jungen Mädchens geht es nun mal abenteuerlich zu.

Ihr seid dabei, viel zu lernen und euren Körper neu zu entdecken. Darauf könnt ihr sehr stolz sein.

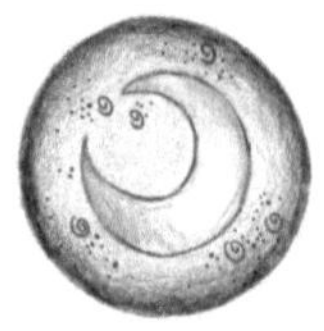

Mondgöttin

Und dann passiert da noch ein reines Wunderding. Wirklich! Es hat mit dem Mond zu tun und klingt ein bisschen wie ein Märchen. Ein wunderbares Märchen.

Der Mond nimmt ab und zu, das weißt du natürlich. Er ist mal ganz schmal, dann wieder voll, dann wieder schmal und so weiter. Achtundzwanzig Tage braucht er ungefähr für einen Durchlauf, also für eine komplette Umrundung der Erde.

Man nennt das auch Mondzyklus. Sieht sehr schön aus, wenn du nachts zum Himmel schaust.

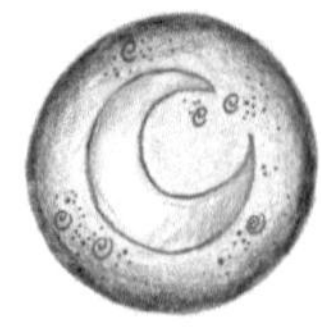

In solch einen Zyklus wird auch
dein Körper versetzt.

Ja, tatsächlich: Die vielen Hormone, die wie tausende Blüten in dir blühen, wachsen nicht alle wild durcheinander.

Sie tun das in einem bestimmten Rhythmus, in einer Reihenfolge. Zuerst Östrogen, später Progesteron, dann Lutropin und so weiter. Die Namen der Hormone sind leider nicht so schön wie Blumennamen. Du kannst sie für dich auch umbenennen.

Jedenfalls dauert ein solcher Zyklus wie
beim Mond ungefähr achtundzwanzig Tage.
Dann geht es wieder von vorn los.

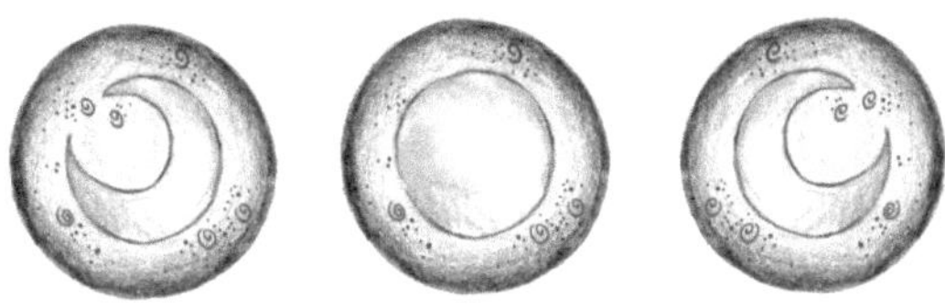

Hättest du das gedacht?
Dein Körper im gleichen Rhythmus
wie ein Himmelskörper?

Das ist schon ein echtes Wunderding.

Du kannst daran erkennen, wie eng dein Körper mit der Natur verbunden ist.

Mehr, als du bisher vielleicht gedacht hast.

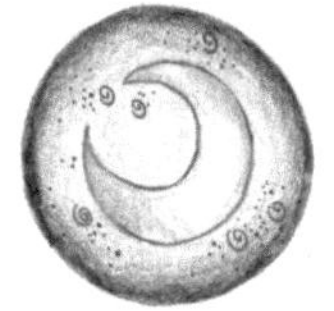 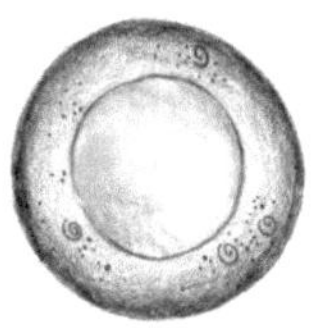 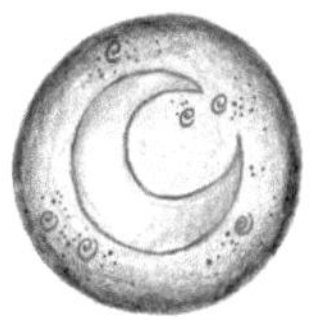

Sternenwesen

Jetzt fragst du dich vielleicht:
Wozu der ganze Zauber?
Wofür brauche ich den Mond und
seine achtundzwanzig Tage?

Das ist eigentlich ganz einfach: Dein Körper kann nicht alles auf einmal machen, er braucht bestimmte Rhythmen. Zum Beispiel hast du einen Tag-Nacht-Rhythmus. Der macht dich abends müde und morgens munter.

Das nennt man auch Bio-Rhythmus oder die „Innere Uhr“. Sie richtet sich nach der Drehung der Erde um ihre eigene Achse, also nach Tag und Nacht.

Es gibt noch mehr solche „Uhren“.

Viele Menschen fühlen sich im Winter eher müde als sonst. Das liegt an der geringeren Lichteinstrahlung in der kalten Jahreszeit. Die Tage sind kürzer, die Sonne steigt nicht sehr hoch am Horizont.

Noch ein Rhythmus, der von Himmelskörpern bestimmt wird. Der Rhythmus deiner Hormone ist also gar keine so große Ausnahme.

Er ist einer von vielen.

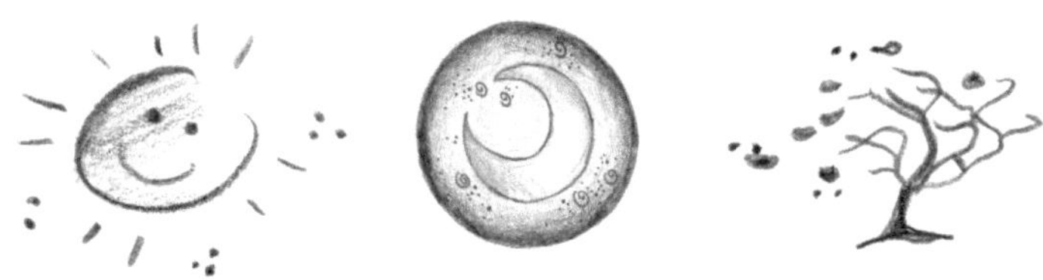

Die Natur richtet sich oft nach den Bewegungen von Sonne, Mond und Erde.

Es sind ihre „Uhrzeiten“, die sie auf viele Lebewesen übertragen hat. Dabei gehen die Uhren der Natur natürlich nicht sekundengenau.

So kann zum Beispiel dein eigener Rhythmus auch etwas kürzer oder länger sein.

Zwischen 23 und 35 Tage ist normal.

Schatzhüterin

Einmal in jeder Mondphase wird es dann spannend.

Dann sind in deinem Körper genau die Hormone aktiv, die den Schlüssel zu einer wahren Schatzkammer haben.

Denn auch eine richtige Schatzkammer trägst du in dir, eigentlich sind es sogar zwei Stück. Die Wissenschaftler nennen sie „Eierstöcke". Das ist ein seltsamer Name für zwei Schatzkammern, nicht wahr? Aber er ist gar nicht so verkehrt, denn das Wort „Stock" bedeutete früher auch „Vorrat" oder „Lager".

Es geht also um zwei Eierlager, und die sind wirklich ein richtiger Schatz.

Deine Eierstöcke liegen tief versteckt in deinem Bauch in der unteren Hälfte.

Einer rechts, einer links. Nicht größer als zwei kleine Pflaumen.

In beiden Eierstöcken befinden sich viele, viele Eizellen. Eizellen? Klingt nicht besonders wertvoll, denkst du vielleicht. Aber sie sind sogar unermesslich wertvoll.

Denn jede dieser kleinen Eizellen könnte theoretisch zu einem Menschen werden.

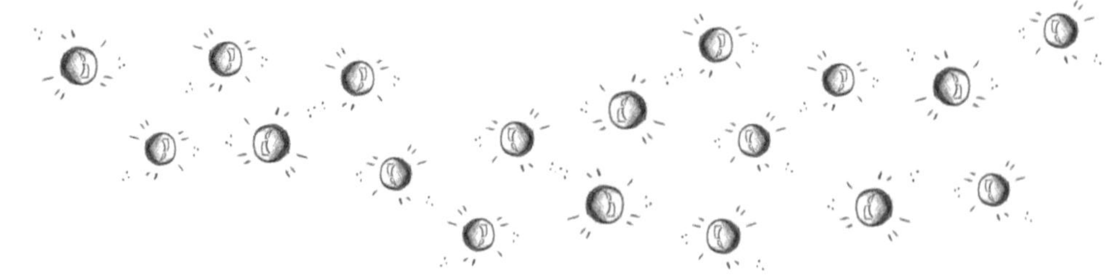

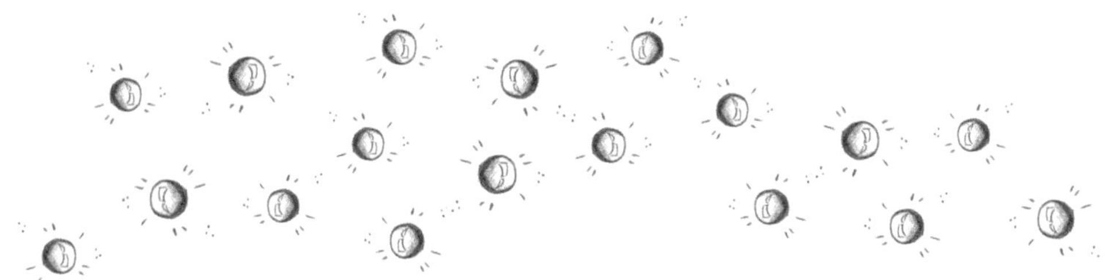

Wenn sich die Eizelle nämlich entwickeln darf und wächst, kann man irgendwann zwei kleine Augen erkennen. Später Bauch, Arme, Beine und so weiter.

Je größer das kleine Wesen wird, desto größer wird auch der Bauch der Frau, in der es steckt. Die Frau ist dann schwanger.

Also ganz klar: Ohne den Eier-Schatz
keine Kinder, also auch keine Menschen.

Perlentaucherin

In deinen beiden Eierstöcken
liegen tausende Eizellen.

Eine einzelne Zelle davon ist winzig klein, nur etwa ein Zehntel Millimeter im Durchmesser. Alle anderen Körperzellen sind allerdings noch kleiner. Daher ist die Eizelle der Frau die größte menschliche Zelle. Theoretisch kann man sie mit bloßem Auge gerade noch so erkennen.

Viel wichtiger jedoch ist: Sie ist wunderschön.

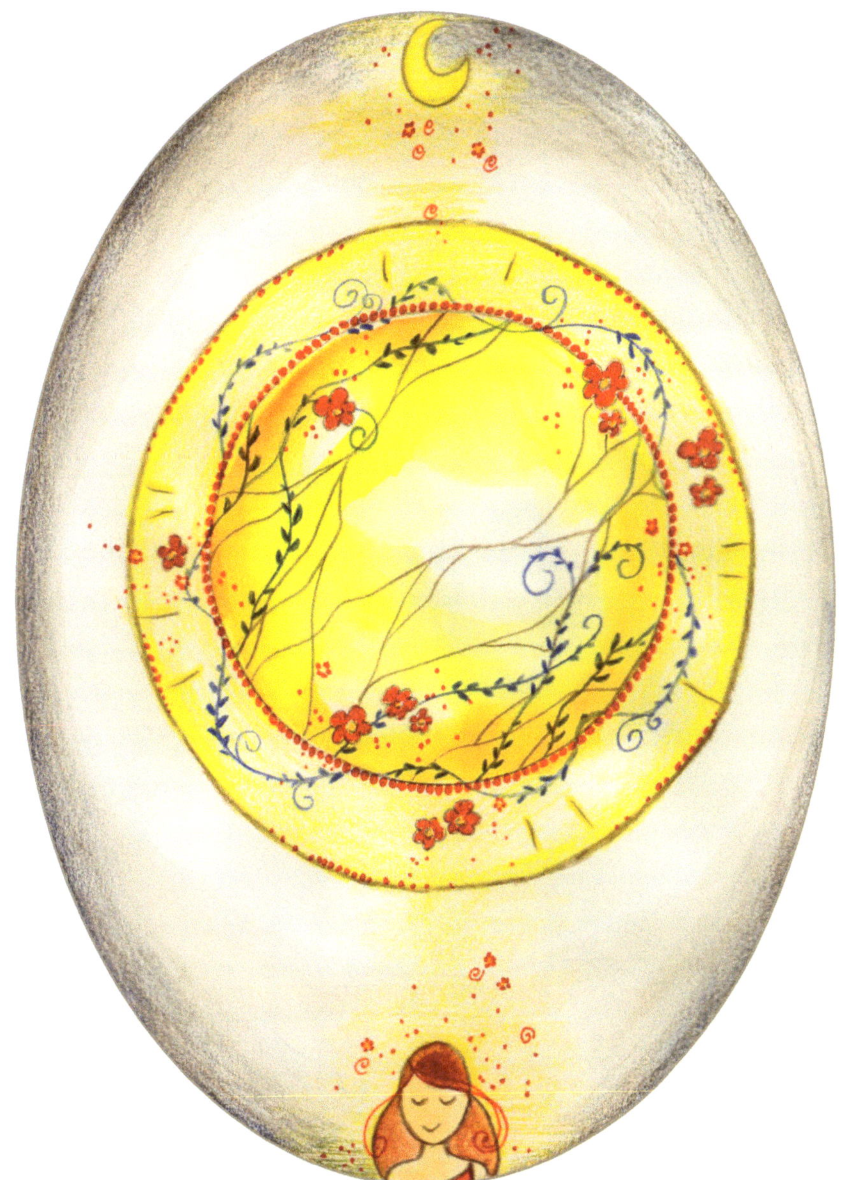

Vielleicht hast du einmal Gelegenheit, Fotos einer solchen Zelle anzuschauen, die mit einem Elektronenmikroskop erstellt wurden.

Also mit sehr starker Vergrößerung.

Dann wirst du sehen, dass die Eizelle rund wie eine Perle ist. Ihre Oberfläche ist nicht glatt, sondern wie mit einem zarten Netz überzogen.

Das ergibt ein ganz feines Muster.

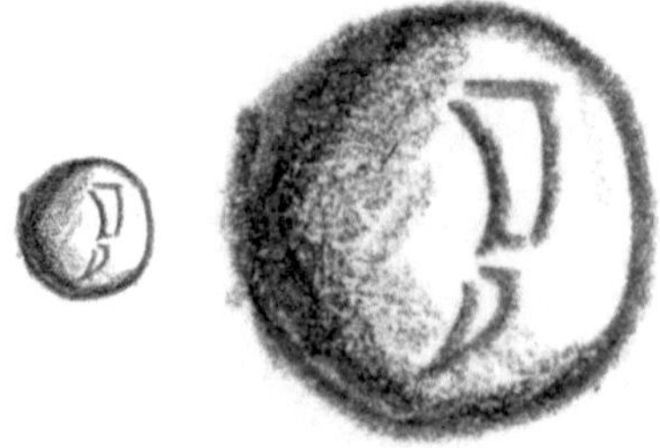

Rund um die schöne Eizelle liegt außerdem noch eine Schicht von kleinen Nährstoffzellen. Die braucht das Ei, um zu reifen.

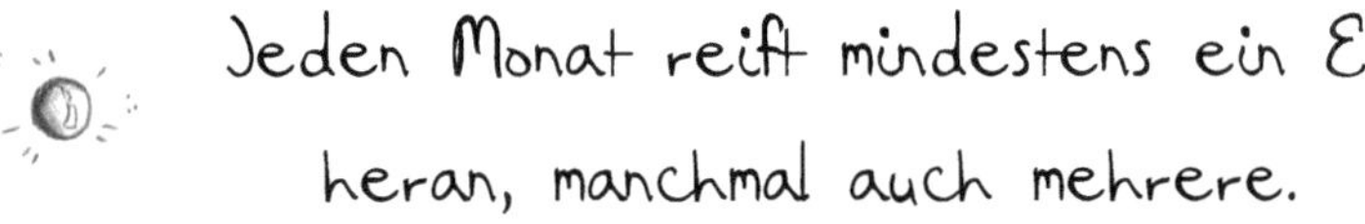

Das kleine Ei ist dann startklar für eine Reise durch deinen Bauch, denn im Eierstock kann es nicht bleiben. Der ist viel zu eng und ungeeignet für weiteres Wachstum.

Dafür hat dein Körper einen viel besseren Ort.

Rotkehlchen

Extra für das wunderschöne Ei baut
dein Körper jeden Monat ein Nest.

Du kannst dir das vorstellen wie bei einer Amsel oder einem Rotkehlchen; die bauen ja auch Nester. So ein Nest für kleine Vogelküken ist weich und warm. Und für deine Eizelle soll es ebenso sein.

Natürlich nutzt dein Körper dafür
keine Zweige, Gras und Federn.

Er verwendet das Material, was ihm im Inneren zur Verfügung steht. Es wird über die Blutbahnen antransportiert und zu einer rosaroten Schicht aufgebaut. Die Wissenschaftler sprechen von einer „Schleimhaut“.

Dieses kleine Nest liegt ungefähr in der
Mitte zwischen den Eierstöcken.

Es hat eine ganz feine Oberfläche und ist
noch viel weicher als jedes Vogelnest.

Und damit es auch wirklich ganz sicher und geschützt ist, sitzt das rosarote Nest auch nicht auf einem wackeligen Ast, sondern liegt geschützt in einer kleinen Höhle.

Die Höhle ist etwa so groß wie deine Faust und ebenfalls rosa und mit ganz weichen Wänden ausgekleidet. Man nennt sie auch „Gebärmutter“. An diesem Wort kannst du schon erkennen:

Hier ist der Ort im Körper, an dem später
einmal ein Kind wachsen kann. Von hier
aus wird es von seiner Mutter geboren.

Maiglöckchen

Doch erst einmal muss das kleine
Ei ins gemütliche Nest.

Der Weg dorthin heißt „Eileiter“ und ist eigentlich gar nicht lang, so etwa zehn bis fünfzehn Zentimeter. Weil das Ei aber so winzig ist, bedeutet das trotzdem eine lange Reise für das kleine Ding. Es braucht dafür drei bis fünf Tage. In dieser Zeit kullert, hopst und tanzt das Ei Stück für Stück in Richtung Nest.

Die Hormone in deinem Körper helfen
dabei, dass es auch gut vorwärts geht.

Vor einigen Jahren haben Forscher herausgefunden, dass das kleine Ei zu diesem Zeitpunkt nach Maiglöckchen duftet. Ein ganz wunderbarer Duft.

Und die Natur hat sich dabei auch etwas gedacht, denn das Ei duftet nicht zufällig so gut.

Der Maiglöckchenduft soll nämlich später einmal Samenzellen anlocken. Diese Samenzellen sind nötig, wenn aus dem Ei wirklich ein Kind wachsen soll.

Bei jungen Mädchen wie dir ist natürlich noch kein Kind geplant. Du willst ja jetzt noch nicht schwanger werden, sondern sicher erst, wenn du erwachsen bist. Die Samenzellen spielen für dich also noch keine Rolle. Aber zumindest der Maiglöckchen-Duft, der sie anlocken soll, ist schon da.

Die kleine Eizelle sieht also nicht nur wunderschön aus, sondern sie duftet auch sehr gut.

Romantikerin

Später einmal, wenn auch Samenzellen in deinem Körper unterwegs sein werden, wird der Maiglöckchenduft für sie unwiderstehlich sein.

Diese kleinen Samenzellen stammen dann allerdings gar nicht aus deinem eigenen Körper. Mädchen können selbst keine Samenzellen produzieren, das können nur Jungen und Männer. Wer also einmal ein Kind bekommen möchte, muss unbedingt zu zweit sein.

Mann und Frau, sonst funktioniert es nicht.

Irgendwann wirst auch du dich verlieben
und „Schmetterlinge im Bauch" haben.
Ein ganz aufregendes Gefühl.

Wenn du dir dann ein Kind wünschst, treffen sich Ei und Samenzelle im Eileiter. Wer romantisch veranlagt ist, kann sich das ruhig als Hochzeit vorstellen. Das Ei ist die Braut, die Samenzelle der Bräutigam.

Dann lockt das Ei die Samenzelle mit seinem Duft an und diese schmiegt sich ganz dicht an. Sie tut das so fest, das sie schließlich mit dem Ei verschmilzt zu einer einzigen Zelle.

Dann ist aus beiden eins geworden.

Schau einmal in den Spiegel.

Dann wirst du sehen, dass du deiner Mutter und deinem Vater ähnelst.

Das ist so, weil ganz am Anfang eine Eizelle deiner Mutter und eine Samenzelle deines Vaters zusammengetroffen und eins geworden sind.

So hast du von jedem etwas mitbekommen.

Kuscheltierchen

Küssen reicht übrigens nicht, um schwanger zu werden.

Dafür muss man „miteinander schlafen“. So nennen es die Erwachsenen, obwohl man dabei gar nicht richtig schläft. Du kannst es dir erst einmal als Kuscheln und Schmusen vorstellen; meistens im Bett, weil es dort natürlich am gemütlichsten ist.

Dann liegen beide ganz eng beieinander, damit die Samenzellen vom Mann zur Frau wandern können.

Im Moment ist das Kuscheln mit einem Jungen für dich wohl nur schlecht vorstellbar.

Mit zehn, elf, zwölf Jahren finden sich Mädchen und Jungen gegenseitig oft nur doof und albern.

Das ändert sich erst später.

Doch Moment einmal: Wer gar nicht schwanger werden will, der braucht doch auch kein Nest!

Du willst doch noch kein Kind „ausbrüten“. Und tatsächlich: Wenn dein kleines Ei auf seinem Weg durch den Eileiter auf keine Samenzellen trifft, dann landet es auch nicht in deinem Nest. Es wandert daran vorbei und wird sich nicht weiter entwickeln.

Ist ja auch ganz gut so, wenn man noch so jung ist wie du.

Herbstzauberin

Doch was passiert nun mit dem Nest und der kleinen Eizelle, wenn sie nicht gebraucht werden? Sie können sich ja nicht in Luft auflösen.

Und das tun sie nicht. Die Natur hat auch hier eine Lösung gefunden. Sie ähnelt ein bisschen dem fallenden Herbstlaub. Im Herbst werfen die Bäume ihre Blätter ab, weil sie diese nicht mehr benötigen.

Die Blätter haben das ganze Jahr über Licht eingefangen und Wasser verdunstet. Jetzt sind sie verbraucht. Der Baum kann sie auch nicht bis zum nächsten Jahr aufheben, sie würden den Winter ohnehin nicht überleben.

Also abwärts mit ihnen!

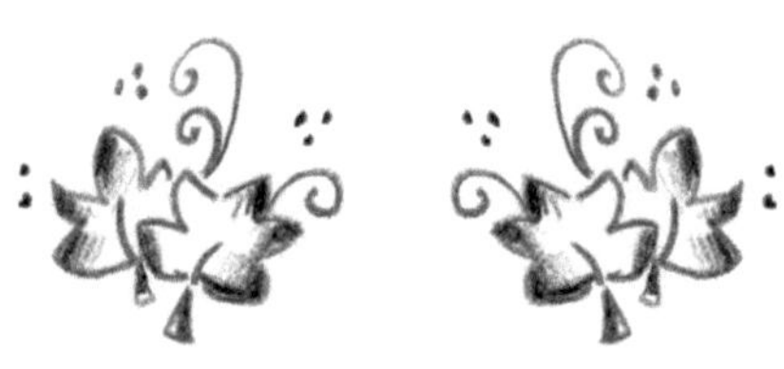

Im nächsten Frühling werden ganz
zarte, frische Blätter wachsen.

Und genauso macht es dein Körper mit dem Nestchen und der Eizelle. Er kann sie nicht aufheben, sie sind beide nicht lange haltbar. Also wird er sich von ihnen trennen und im nächsten Monat, in der nächsten Mondphase ein neues Ei und ein neues Nest produzieren.

Wieder genauso schön.

Es ist natürlich ein bisschen schade um das bisherige Ei und sein Nest und um die viele Mühe. Aber die Natur kann nichts ewig erhalten. Sie kann nur durch Neues ersetzen.

Windsbraut

Dein Körper baut also das Nest und die Eizelle wieder auseinander. So wie der Wind ins Herbstlaub bläst und auch die Vogelnester vom Sommer zerzaust und herunterweht.

Statt Blättern und Zweigen lösen sich in deinem Bauch also Zellen und Gewebe von Nest und Ei.

Lauter kleine Nestteilchen entstehen.

Sie sehen ganz rosenrot aus, wie vorher das Nest. Dieses war ja stark durchblutet, damit das Ei gut versorgt gewesen wäre, wenn es darin gelandet wäre. Jetzt haben die Nestteilchen die gleiche rote Farbe.

Eigentlich sieht es fast so aus, als wäre es reines Blut, so intensiv ist die Farbe.

Ohnehin scheint rot eine der Lieblingsfarben der Natur zu sein. Sonst hätte sie einen so wichtigen Stoff wie unser Blut nicht rot gemacht.

Den gelösten Nestteilchen und den Resten der Eizelle fehlt jedenfalls nun der Halt. Immer mehr verlieren sie die Verbindung zur umliegenden Höhle der Gebärmutter.

Also ergeht es ihnen wirklich wie dem Herbstlaub: Sie fallen langsam abwärts.

Du kannst sie dir als rote Tropfen
wie Blutstropfen vorstellen.

Rosenrot

Die roten Tropfen fallen oder rinnen durch einen kleinen Kanal, der „Scheide“ genannt wird.

Er heißt so, weil er der Ort ist, an dem sich das ehemalige Ei und das Nest von deinem Körper „scheiden“, also sich trennen. „Voneinander scheiden“ sagte man früher für „sich trennen“.

Im Wort „Abschied“ steckt das auch noch drin. Abschied bedeutet auch Trennung.

Das Nestchen lässt sich inzwischen gar
nicht mehr als solches erkennen.

Es hat seine Form ganz verloren. Es wäre ohnehin zu groß für die schmale Scheide gewesen. Rote Blutstropfen sind da viel besser, die rinnen einfach hindurch.

Und auch die kleine Eizelle hat sich inzwischen zersetzt. Sie ist nicht mehr sichtbar.

So winzig sind ihre Bruchstücke.

Die Scheide hat ihren Ausgang genau zwischen deinen Beinen. Mit einem Spiegel kannst du sie erkunden.

Bisher hast du sie wahrscheinlich noch gar nicht bemerkt. Du kennst nur die anderen beiden Ausgänge dort für „Flüssiges“ und „Festes“. Zwischen beiden liegt also auch noch dieser.

Eigentlich logisch, die Natur sucht immer die praktischsten Lösungen, also legt sie gleich drei Ausgänge nah hintereinander. Einmal im Monat, in jeder Mondphase, wird dein Körper dort also etwas Blut abgeben.

Aber keine Sorge: Das tut nicht weh, es ist ja keine Wunde.

Schneewittchen

Vielen Mädchen kommt es recht unheimlich und gruselig vor, wenn sie zum ersten Mal davon hören, dass sie Blut verlieren sollen.

Und dann auch noch ausgerechnet zwischen den Beinen! Falls du auch dieses Gefühl hast, bist du in jedem Fall nicht allein. Jedes Mädchen muss sich erst einmal an den Gedanken gewöhnen.

Es fällt leichter, wenn du weißt, woher die blutrote Flüssigkeit kommt, und dass sie früher ein kleines Nest in deinem Bauch war.

Vielleicht erinnerst du dich an den Beginn
des Märchens von Schneewittchen.

Dort sticht sich die Königin beim Nähen in den Finger und drei Tropfen Blut fallen in den Schnee. „Und weil das Rote in dem Weißen so schön aussah“, wünscht sich die Königin ein Kind mit diesen Farben.

Das ist eigentlich symbolisch gemeint. Die Blutstropfen aus dem Finger stehen für das Monatsblut.

Dieses ist nötig, um überhaupt
ein Kind zu bekommen.

In vielen Märchen kommen Blutstropfen vor, damit später Kinder geboren werden können:

Dornröschen zum Beispiel sticht sich an der Spindel, so dass es blutet, und die Gänsemagd erhält ein Tuch mit drei Blutstropfen ihrer Mutter.

Vielleicht fallen dir noch mehr Märchen mit Blutstropfen ein.

Märchenfee

Willkommen also im Reich der Prinzessinnen,
Feen und Märchenwesen!

Willkommen im Reich der Mädchen und Frauen, die Kinder bekommen können! Willkommen, junges Mädchen, und mach dir keine Sorgen. Wie im Märchen wird am Ende alles gut, auch wenn es am Anfang abenteuerlich erscheint.

Alle anderen Frauen vor dir
haben das auch geschafft.

Einmal in jeder Mondphase wird auch
aus deinem Körper Blut fließen.

Dein Körper lässt ein altes Nest samt Ei los und schafft so Platz für ein neues.

Dann beginnt ein neuer Kreislauf: Der Tanz der Hormone wie tausend Blüten, eine neue Eizelle, die vom Eierschatz loswandert und nach Maiglöckchen duftet, in Richtung neues rosarotes Nest strebt, bis beides wie Herbstlaub abfällt und aus dir fließt.

Dieses Fließen kann etwa drei bis fünf Tage dauern.

Allmählich lässt das Bluten nach, bis es irgendwann ganz aufhört.

Das erste Mal wirst du wahrscheinlich auf der Toilette bemerken, dass einige Blutstropfen in deinem Slip gelandet sind. Dann weißt du, dass es jetzt losgeht und du von jetzt an jeden Monat etwas Blut verlieren wirst. Am Anfang können die Abstände variieren, das ist normal.

Weil das Bluten nach einiger Zeit ziemlich regelmäßig geschieht oder anders gesagt „periodisch“, spricht man auch von „Regel“ oder „Periode“. Manche sagen „die Tage“ oder eher wissenschaftlich „Menstruation“ vom Lateinischen „mensis“- „der Monat“.

Mädchen reden gerne von ihrer „Mens“.

Herzenstochter

Zum Glück bist du nicht allein mit
dieser Neuigkeit deines Körpers.

Deine Mutter wird sicher an deiner Seite sein und dir alles noch einmal genau erklären. Außerdem weiß sie genau, wie man die Blutstropfen einfach und unkompliziert auffängt.

Du wirst sehen, dass dies gar nicht schwer ist.

Deine Mutter wird dir sagen, dass du auf keinen Fall Angst haben musst.

Bisher kennst du Blut nur aus Verletzungen. Dann tut es an der jeweiligen Stelle ziemlich weh und ist sehr unangenehm. Dass etwas blutet, war bisher also ein schlechtes Zeichen. Das Monatsblut hingegen ist ein gutes Zeichen deines Körpers.

Es zeigt keine Verletzung an, sondern bedeutet, dass du gesund bist und auf dem Weg vom Mädchen zur Frau.

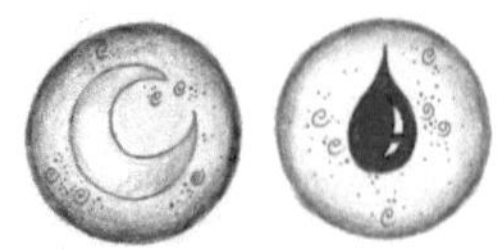

Deine Mutter hat all diese Ungewissheit und Sorge um das Monatsblut als junges Mädchen auch erlebt.

Sie – oder vielleicht auch eine ältere Freundin oder Schwester – kann sich deshalb sehr gut in dich hineinversetzen. Sie wird dir viele Ratschläge geben können und sicher sagen, dass es beim zweiten Mal schon viel weniger aufregend ist. Beim dritten Mal noch weniger und dann noch weniger und so fort.

In kurzer Zeit hast du dich so daran gewöhnt, dass du gar nicht mehr viel darüber nachdenkst.

Abenteurerin

Für viele Mädchen ist es beruhigend, wenn sie wissen, wie sie mit dem Monatsblut umgehen sollen.

Dafür gibt es in jeder Drogerie und auch im Supermarkt die verschiedensten Artikel. Die meisten Mädchen benutzen am Anfang sogenannte „Monatsbinden“. Die bestehen aus einer Watteschicht oder einem ähnlichen saugfähigen Material und werden einfach in den Slip geklebt.

Wenn sie genug Blut aufgesaugt haben, wechselt man sie einfach.

Später kannst du auch einmal „Tampons" ausprobieren.

Das sind etwa fingerdicke, kurze Wattestäbe, die direkt in die Scheide geschoben und an einem Faden wieder herausgezogen werden, wenn sie vollgesogen sind.

Es gibt auch weiche „Menstruationstassen". Die trägt man ähnlich wie die Tampons und entleert sie von Zeit zu Zeit. Menstruationstassen fangen innerlich das Blut auf, ohne die Scheide auszutrocknen.

Weil man sie sehr oft verwenden kann, erzeugen sie keinen Müll und sind relativ kostengünstig.

Etwas Übung verlangt eine dritte Möglichkeit, die „freie Menstruation".

Damit kannst du selbst bestimmen, wann das Blut aus deiner Scheide abfließen soll, also zum Beispiel dann, wenn du ohnehin auf die Toilette musst. Du brauchst dann auch keine Monatsbinden, Tampons oder Menstruationstassen.

Dafür ist es nötig, dass du ein Gespür für deinen sogenannten „Muttermund" entwickelst. Er trennt Gebärmutter und Scheide und kann die Flüssigkeit zurückhalten. Allerdings solltest du dir dafür eine gewisse Trainingszeit genehmigen. Es gibt noch mehr Techniken zum Umgang mit dem Monatsblut.

Sei jedenfalls neugierig und probiere alle Methoden aus, die dir richtig erscheinen.

Super-Girl

Junge Mädchen wie du denken viel über sich selbst und ihren Körper nach.

Das ist ganz normal, denn es passiert viel Neues. Am besten ist, du siehst es als Entdeckungsreise an. Und die macht viel mehr Spaß, wenn du sie selbstbewusst antrittst.

Also stell dich ruhig immer wieder vor den Spiegel und sage dir, wie toll du bist.

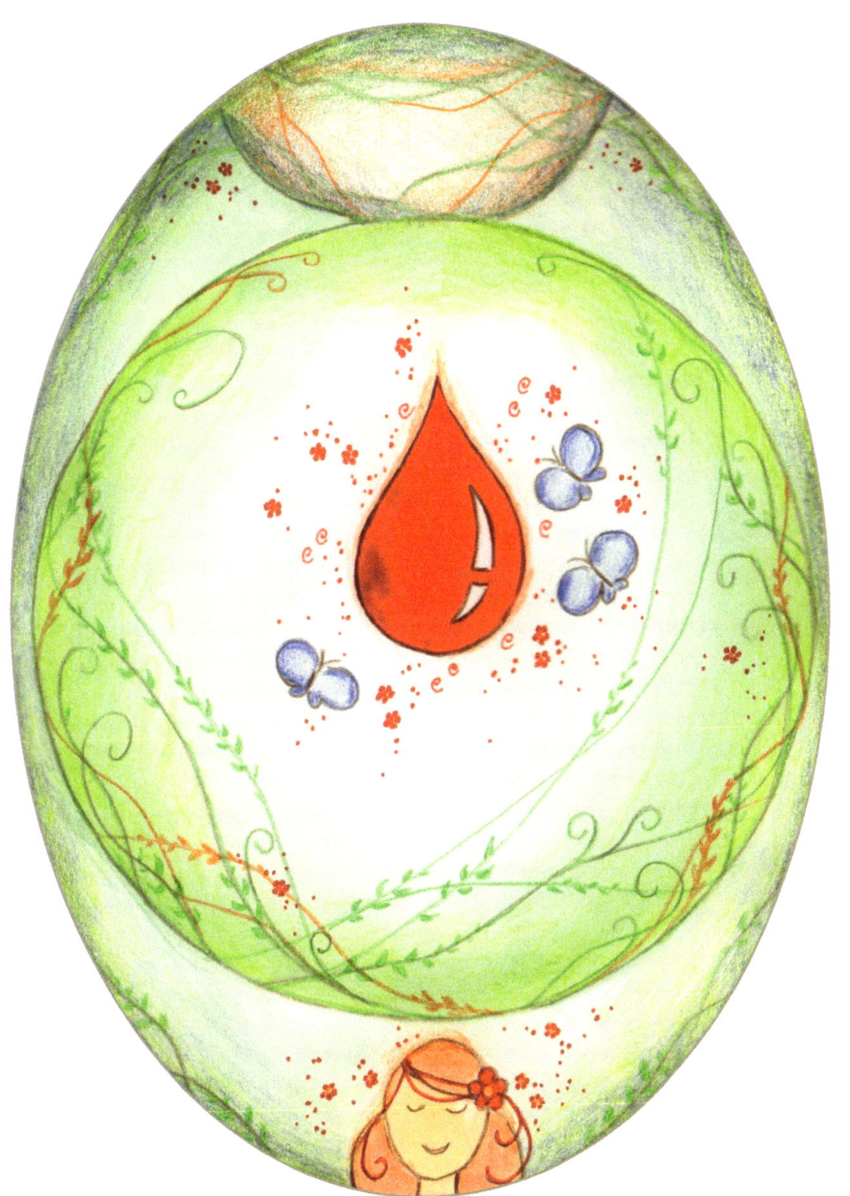

Zähle auf, welche Dinge du an dir magst.

Du kannst auch ein Spiel mit deinen Freundinnen daraus machen. Probiert gemeinsam Frisuren oder verschiedene Outfits vor dem Spiegel aus und macht euch gegenseitig immer mindestens ein Kompliment.

Du wirst staunen, wie viele Punkte deine Freundinnen an dir bewundern.

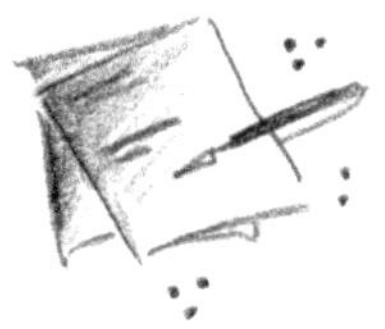

Außerdem kannst du einen Steckbrief über dich selbst verfassen.

Schreibe auf, was du gern tust, worin du besonders gut bist und was du dir für die Zukunft vornimmst. Du brauchst dabei nicht besonders kritisch zu sein, der Steckbrief ist nur für dich.

Auch wenn du die erste Monatsblutung hinter dir hast, kannst du stolz auf dich sein und aufzählen, was du gut gemeistert hast: das erste Mal eine Monatsbinde genutzt, das erste Mal einen Tag „mit Regel“ in der Schule vollbracht, das erste Mal geduscht und so weiter.

Also lobe dich ruhig selbst.

Tausendschön

Die meisten Mädchen brauchen jetzt
etwas länger im Badezimmer.

Vielleicht geht es dir auch so. Es hat gar nicht immer etwas mit der Monatsblutung zu tun, sondern oft mit Ausprobieren: eine neue Frisur, ein neues Parfüm, eine neue Kette. Da geht die Zeit schnell herum.

Deinem Körper tut es gut, wenn du ihn pflegst.

Zum Beispiel ist es jetzt möglich, dass dir deine Haut manchmal Probleme macht, weil sich auf ihr Unreinheiten zeigen.

Das ist oft eine Folge der monatlichen Hormonschwankungen. Sei nicht zu traurig, wenn du nicht gleich die richtige Creme oder Waschlotion dagegen findest. Das geht den meisten so.

Manchmal hilft es auch, die Ernährung umzustellen. In jedem Fall braucht deine Haut eine gewisse Zeit, um sich an den neuen hormonellen Rhythmus zu gewöhnen.

Ebenso kann es sein, dass du deine
Haare öfter waschen möchtest.

Kinderhaare sind trockener, dafür aber meist nicht so voll und glänzend. Regelmäßiges Duschen ist jedenfalls genau das Richtige, um deinen Körper gesund und schön zu halten.

Probiere aus, mit welchen Shampoos und Duschbädern du dich wohlfühlst. Verwende aber nichts, was dir nicht hilft oder gefällt, nur weil andere es tun oder weil die Werbung es lobt.

Höre einfach auf dein eigenes Körpergefühl.

Premieren-Star

Der Tag, an dem du das erste Mal eine Monatsblutung erlebst, ist etwas ganz Besonderes.

In vielen Kulturen wird er richtig gefeiert. In unserer Kultur ist dieses Feiern in den vergangenen Jahrhunderten leider aus der Mode gekommen. Über die Regel der Frau wurde wenig oder gar nicht gesprochen. Sie war ein Tabuthema.

Vielen ist das Thema noch heute peinlich oder sie schämen sich. Eigentlich verrückt, denn die Monatsblutung ist das Natürlichste der Welt.

Sie gehört zu der Gabe, Kinder zu bekommen.

Mit ungefähr 45 Jahren verlieren die meisten Frauen diese Gabe wieder.

Ihre Hormone folgen dann nicht mehr dem Mondrhythmus: Es wachsen keine Eizellen und Nester mehr heran. Man nennt dies auch die „Wechseljahre“.

Manche Frauen sind sehr traurig, wenn sie keine Kinder mehr bekommen können.

Obwohl die Monatsblutung auch für sie oft unpraktisch war, sind sie traurig, wenn sie ausbleibt.

Also feiere ruhig den Tag, an dem
deine erste Regel eintrifft.

Deine Regel ist wie ein Geschenk – eine Gabe auf Zeit. Gehe Eis essen mit deiner Mutter oder einer Freundin. Vielleicht bekommst du auch ein kleines Geschenk. Und wenn nicht, dann schenke dir selbst etwas.

Ein selbst gemaltes Erinnerungsbild
an diesen Tag zum Beispiel.

Busenfreundin

Deine Freundinnen werden dir in
dieser Zeit sehr helfen.

Sie sind in der gleichen Situation wie du. Auch sie werden früher oder später ihre erste Monatsblutung erleben. Auch ihre Körper verändern sich. Ihr könnt euch gegenseitig dabei unterstützen.

Tauscht euch aus über das, was ihr wisst. Fragt euch gegenseitig und sprecht über eure Gefühle. Erzählt euch eure Träume. Macht euch Mut und tröstet einander.

Macht viel Quatsch miteinander und albert herum.

Erwachsen werden macht zusammen in jedem Fall mehr Spaß als allein.

Und vor allem: Macht euch nicht zu viele Sorgen. Wenn alle anderen die Pubertät gemeistert haben, werdet ihr das ohne Zweifel auch hinbekommen.

Außerdem werdet ihr sehr schnell mitbekommen: Wer größer ist, darf auch mehr.

Euch wird ab jetzt mehr zugetraut und ihr könnt selbstständiger entscheiden und vieles allein machen: Vielleicht die Freundin besuchen oder zum Bäcker gehen oder das Outfit für die Schule bestimmen oder festlegen, wie ihr den Nachmittag verbringt.

Das werdet ihr sicher sehr genießen,
denn Erwachsenwerden bedeutet
auch, mehr Freiheit zu haben.

Dornröschen

Zum guten Schluss: Erinnere dich an das Märchen von Dornröschen.

Dort bekommt die Prinzessin von zwölf Feen zwölf gute Gaben. Die dreizehnte Fee prophezeit ihr zum 15. Geburtstag Blutstropfen nach einem Stich mit der Spindel.

Damit ist eigentlich das Monatsblut gemeint.

Die Prophezeiung macht große
Angst, sogar Todesangst.

Aber Dornröschen stirbt keineswegs. Sie schläft nur und wartet auf den Prinzen.

Also genau wie im richtigen Leben: Ein junges Mädchen bekommt seine Regel und hat erst große Angst. Doch das Leben geht weiter und nach einigen Jahren kommt der Richtige und eine Familie wird gegründet.

Dornröschen ist nicht nur ein Märchen.
Es ist auch ein Gleichnis über den
Weg vom Mädchen zur Frau.

Du hast nun viel Neues gelernt über deinen Körper und über das Erwachsenwerden.

Und du wirst in den nächsten Jahren noch mehr entdecken und dazulernen.

Ich wünsche dir, dass es eine gute Zeit für dich wird. Ich wünsche dir, dass du dich in deinem Körper wohlfühlst. Ich wünsche dir, dass du immer eine liebe Freundin an deiner Seite hast. Ich wünsche dir einen entspannten Start in deine „rote" Lebensphase.

Ich wünsche dir alles Gute für dein eigenes Märchen.

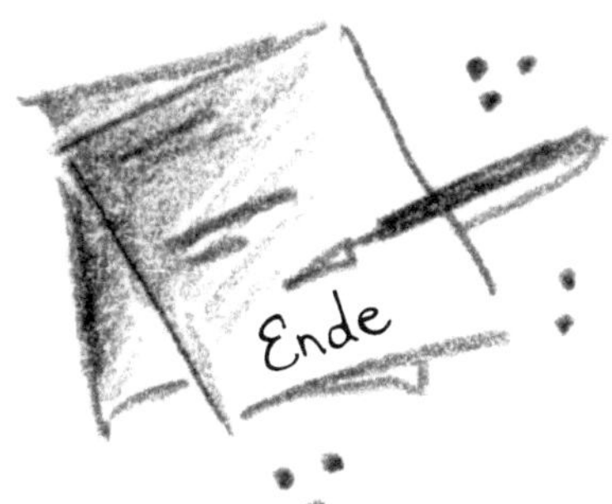

Ein Buch für alle deine Tage:

Alle meine Tage – Menstruationskalender

Woher weißt du, wann die Regel beginnt? Notiere deine morgendliche Aufwachtemperatur. Sobald deine Temperaturkurve deutlich abfällt, setzt die Regel ein und das unbefruchtete Ei wird, eingebettet in reichlich Menstruationsflüssigkeit, ausgeschieden. Im Buch „Alle meine Tage" kannst du deine nächsten 50 Zyklen schriftlich festhalten und gewinnst so eine schöne Übersicht über die zutiefst weiblichen Vorgänge in deinem Körper.

Regelschmerzen müssen nicht sein:

Regelschmerz ade! Die freie Menstruation

Hast du Regelschmerzen? In diesem Buch erfährst du, was die Ursache hierfür sein kann und was sich tun lässt, damit du dich auch während deiner Mens rundum wohlfühlst. Vielleicht bist du außerdem eines jener Mädchen, die auf Tampons, Binden oder Menstruationsbecher ganz einfach verzichten und ihre Monatsblutung auf andere Weise wunschgemäß abfließen lassen möchte? Dann heißt es: Willkommen bei der „freien Menstruation“!

Bibliografische Information der Deutschen Nationalbibliothek
Die Deutsche Nationalbibliothek verzeichnet diese Publikation in der Deutschen Nationalbibliografie; detaillierte bibliografische Daten sind im Internet über http://dnb.d-nb.de abrufbar.

1. Auflage	November 2015
© 2015	edition riedenburg
Verlagsanschrift	Anton-Hochmuth-Straße 8 5020 Salzburg, Österreich
Internet	www.editionriedenburg.at
E-Mail	verlag@editionriedenburg.at
Lektorat	Dr. phil. Heike Wolter, Regensburg
Satz und Layout	edition riedenburg
Herstellung	Books on Demand GmbH, Norderstedt

ISBN 978-3-903085-18-3